Josef Roßmaier

Maria – ganz normal und völlig anders

Josef Roßmaier

Maria – ganz normal und völlig anders

Bilder und Meditationen

SCHNELL + STEINER

MARIANUM

Schriftenreihe des Institutum Marianum Regensburg

herausgegeben von Josef Kreiml und Julia Wächter

Heft 8

Inhalt

Vorwort

In der Vergangenheit hat Pfarrer Josef Roßmaier mehrere Bücher mit eigenen Texten und Bildern zur Gottesfrage und zum Glaubensleben veröffentlicht. In der vorliegenden Publikation präsentiert der Autor, der sich über viele Jahrzehnte intensiv mit Kunst und Literatur beschäftigt hat, meditative Texte über die Gottesmutter Maria. Dabei stellt Josef Roßmaier seinen Texten selbst kreierte Bilder an die Seite. Wort und Bild interpretieren sich gegenseitig. Die von tiefen Inspirationen geprägten Aussagen des Autors über die Mutter Christi zeichnen sich durch eine große thematische Weite aus.

Pfarrer Roßmaier lässt alltägliche Erfahrungen und Beobachtungen auf sich wirken und bringt sie mit sprachschöpferischer Kraft ins Wort. Dabei entstehen keine gefälligen theologischen Aussagen. Vielmehr hat man den Eindruck, dass der Autor die Worte, Bilder und Sätze mit großer Konzentration der Sprache abringt. Wer sich auf die Lektüre dieses Heftes einlässt, muss Zeit mitbringen. Überschriften wie »Ganz gewiss wahr«, »Das Ereignis Leere« oder »Lichtung« machen neugierig. Manchmal hat man den Eindruck, dass Josef Roßmaier einen über die Schulter schauen lässt, um das Entstehen von Bildern und Sätzen genau beobachten zu können. Der Autor deduziert seine Betrachtungen über die Mutter Jesu nicht aus dogmatischen Grundaussagen über sie, sondern setzt bei alltäglichen Begebenheiten ihres Lebens an und erschließt den Leserinnen und Lesern Schritt für Schritt den tiefen Glauben Marias. Dabei werden in eher indirekter Weise auch die zentralen Inhalte der kirchlichen Lehre über die Gottesmutter in den Blick genommen.

Die Welt gibt sich uns – so der Autor – in Bildern. Gott sagt über den Menschen, dass er uns ins Angesicht nimmt als sein Bild. Je mehr jemand Mensch geworden ist, umso lebendiger wird er – im wahrhaftigen Bild, ob das in der Sprache geschieht, in der Musik, im realen Bild, im Gedicht, in den vielen Möglichkeiten, Kunstwerk zu sein. Immer braucht es dazu den inneren Blick, das offene Herz und die Suche nach dem noch Verborgenen. Vorausgesetzt wird dabei die Erfahrung des Fehlenden und eine Sehnsucht über das Bekannte, Erprobte und Eingeübte hinaus. Josef Roßmaier möchte in seinen Denkwegen solches ins Schauen und Empfinden heben.

Die beiden Herausgeber freuen sich, dass die marianischen Betrachtungen des Verfassers in der Reihe »Marianum« erscheinen können. Ich danke Pfarrer Roßmaier für die vertrauensvolle Zusammenarbeit und der Verleger-Familie, Prof. Dr. Jutta Dresken-Weiland, Dr. Albrecht Weiland und Felix Weiland M.A., für die exzellente Betreuung des vorliegenden Heftes.

Regensburg,
am Hochfest der Verkündigung des Herrn 2023

Prof. Dr. Josef Kreiml, Domkapitular,
Vorsitzender des Institutum Marianum Regensburg

MARIA

Vielleicht hätte sie gern schönere
Kleider gehabt,
einen Schrank voll Gewand,
ein Stück Mode aus Rom, nicht
nur den selbstgewebten
Stoff,
eine eigene Kostbarkeit,
Ringe und Reif.
Sie hatte Freude an sich, so wie
sie ist, die niedrige Magd.
Sie konnte sich sehen, sich an-
sehen, sie war in sich.
Sie trug ihr Gesicht. Und dankte
Gott.

Vielleicht hätte sie gern noch
schönere Kleider gehabt,
eine ganz eigene Kostbarkeit.

Dann webte sie die Windeln fürs
Kind,
und stopfte das Zeug für den
Mann und den Buben und
sich,
sie machte ihre eigenen Sachen,
arm wie sie war.
Und hatte Freude daran, wenn's
gelang, und gut passte.
Und ihr gut stand.

Dann webte sie den Rock im
Ganzen,
den der Sohn trug unters Kreuz,
und den man ihm nahm,
als sie ihn schlugen zum blut-
gestrichenen Nackten,
nackt ausgestellt,
nackter noch als bei seiner Ge-
burt.

So nackt ist nur Gott.
Sein Schmerz wurde der
Mutter ein bitteres Kleid voller
Schwerter.

Den Rock spielten sie aus.
Unterm Kreuz.
Mitten durchs Schreien und
Stöhnen und Weinen.

Man gab ihm fremdes Tuch für
das Grab.
Er ließ es liegen zum Zeugen,
und gab sich zum Schauen,
die nackte Schönheit der
Wunden:
entblößt ist Gott in den Augen,
die sehen.

Er selbst ist unser Gewand.

Zieh ihn an und du wirst nicht
nackend empfunden.

MARIENADVENT

1 Sam 1, 24 – 28: *»Ich habe um diesen Buben gebetet, und der Herr hat mir die Bitte erfüllt, die ich an ihn gerichtet habe. Darum lasse ich ihn auch vom Herrn zurückfordern. Er soll für sein ganzes Leben ein vom Herrn Zurückgeforderter sein… «*

(1. Lesung am 22. Dezember)

Jesus,
hat Maria um dich gebetet?
Nach dir geweint, und nach dem
Messias geschaut?
Hat sie den Wind geprüft und am
Regen nach deiner
Nähe geschmeckt?
Hat sie das Ohr auf den Boden
gelegt, ob der schon bebt
vom Ansturm des Reiches?
Kamst du ihr im Traum?
Aus dem Propheten?
Am Brunnen beim Schöpfen des
Wassers? Und als sie es
heimwärts trug?
An der Mühle? Beim Backen und
Kochen?
Am Sabbat?
Am Pessachfest?
Im Gebet?
Wenn sie hörte und sprach vom
Messias?
Und in sich ging, in die Stille der
inneren Hausung und in die
Verheißung
und sich freute:
Kamst du ihr da ins Verlangen?
Messias?
Ins Lächeln, ins Spiel ihrer
Augen, ins Wiegen von Leib
und Seele?
In die nächtlichen Tränen nach
Gott?

Ahnte sie, dass du ein Zurück-
geforderter bist?
Einer für Gott,
ganz Gottes Sohn – ihr Kind.
Wusste sie das?

Sie musste es lernen:
Diese andere Seite der Sehn-
sucht und ihrer Liebe
und des Empfangens:
das Geben und das Verlieren.

Wie du. Jesus.

TREFFEN

Lk 1, 39 – 45: *»In jenen Tagen machte sich Maria auf den Weg und eilte in eine Stadt im Bergland von Judäa. Sie ging in das Haus des Zacharias und begrüßte Elisabeth. Als Elisabeth den Gruß Marias hörte, hüpfte das Kind in ihrem Leib. Da wurde Elisabeth vom Heiligen Geist erfüllt und rief mit lauter Stimme: Gesegnet bist du mehr als alle anderen Frauen, und gesegnet ist die Frucht deines Leibes… Selig ist die, die geglaubt hat, dass sich erfüllt, was der Herr ihr sagen ließ.«*

Zwei Frauen strahlen das Glück,
die Verheißung,
alles, was sich erfüllt,
sie laufen,
ein Schritt noch,
dann liegen sie sich in den Armen und lachen
voll Kind,
voll ihrer Kinder,
ganz im Geschenk, bei Loben
und Gruß und Erkennen.
Kein Platz mehr für anderes sonst.

Und der Bub hüpft im Schoß der Alten die Freude
und ist voller Geist,
wie später,
als der ihn treibt in die Wüste
und ans Ufer der Menschen,
dass er dort wieder zeigt auf den zweiten,
dem er begegnet
schon jetzt,
der da ist
und den Segen verströmt und
Feuer wirft in die Erde,
den Geist.

Künftig,
wie schon jetzt.

Maria: Ear, voice, face – Ohr, Stimme, Gesicht…

Einen Menschen erkennen? Maria? Wie erkennen wir Maria? Was ist ihr Persönlichstes? Das Ohr ist es, an dem Mariens unbekanntes Bild und Wesen zuerst getroffen werden könnte. Das Ohr ist ihr Organ zur Begegnung mit Gott und Welt, Organ von Herz und Geist. Organ des Aufnehmens, ganz nah ihrer Seele. Maria hatte Ohren zum Horchen. »Leih mir dein Ohr«, sagen wir – Maria hatte es gegeben. »Sitzt du auf den Ohren?«, fragen wir – Maria hat sowas vielleicht nie zu hören bekommen. Ein Mensch des Zuhörens war sie, eine hinhorchende Frau, in Gott horchend…

Wer solche Gabe hat, kann unterscheiden – Maria konnte es. Ganz gewiss, in all ihrer Einfachheit konnte sie dies, unterscheiden… Uns fällt es schwer; so schwer, dass wir es gar nicht mehr als Wert erkennen und lehren. Unterscheidung der Geister aber ist biblische Grundtugend und Notwendigkeit. Maria konnte auf das Wesentliche hören. Auch in ihrem Leben gab es Lärm und Wirrwar der Stimmen, Geräusche, Meinungen, Behauptungen, Klagen, Forderungen, Streitigkeiten. Auch sie war dem ausgesetzt und ausgeliefert… Doch aus allem konnte sie, die einfache Frau, die eigentlichen Worte entnehmen, die Melodie ihres Lebens erhorchen, das für sie und die anderen Wesentliche: Das Fragen der Menschen, ihr Seufzen und Leiden, ihre Bitten – und die Freude der Kinder, der Frauen und Männer, der Alten… die echten Menschentöne; die Herztöne… Und die Worte Gottes: die Grundtöne ihrer Tage. Daheim und in der Synagoge gingen sie ihr ins innere Gehör. Bei den Wallfahrten zum Tempel kam es in sie: das Gotteswort, das Rufen Gottes im Alten Bund… Durch den Gesang der Psalmen konnte sie horchen und unterscheiden: Gottes Stimme und Herzschlag gegen alles andere Gesagte, Gelautete. Gott hat ihr ins Herz geredet, in ihr Menschlichstes, dort tief hinein, wo sie selbst nicht hindenken konnte. So hat sie erhorcht, was von Gott kommt, was es um Gott ist; was es um sie ist… Von dem Wenigen, das die Schrift von ihr sagt, gilt vor allem dies: Sie bewahrte Geschehnisse und Worte des Heils in ihrem Herzen. Es ging ihr ins Eigenste. Und in diesem Gehörraum des Horchens, Glaubens, Gehorchens wuchs ihr Sohn auf: Dieser Raum wuchs in Jesus ein.

Horchen und Hören, Ohr haben und Ohr sein – das ist Gottesgabe und Gotteswillen für die Kirche, für uns. Im Evangelium steht so das Wort Jesu: *»Wer Ohren hat zu hören, der höre«* und seine Prophetenmahnung an die Glaubensverweigerung: *»Hören sollt ihr, hören, aber nicht verstehen; sehen sollt ihr, sehen, aber nicht erkennen… « (Mt 13, 14).* Und die Verheißung, dass die Toten in den Gräbern die Stimme des Sohnes Gottes hören werden. Am Beginn Europas steht der Anfang der Benediktregel: *»Höre, mein Sohn, auf die Weisungen des Meisters, und neige das Ohr deines Herzens… «* Fundament christlichen Seins und aller Umkehr ist das Hören. So ist Maria auch eine kritische Person einfach durch ihr Wesen: Helfend ist ihre Haltung im Sprachsumpf und Lärmkrampf unserer Tage… Hören und unterscheiden und nicht alles hören und so Mensch werden…

So war Maria auch fähig der Stimme, nicht der Wortschlägerei, sondern der entscheidenden Worte, des entscheidenden Wortes. *»The voice« – »die Stimme«,* so haben die Leute Frank Sinatra genannt. Stimmen können bezaubern, verzaubern, verlocken, erfreuen, zum Guten führen – und erschrecken, in tiefste Ängste jagen, in Wut bringen und zu jedem Unrecht… Von Maria haben wir kein Tondokument, müßig zu fragen, wie ihre Stimme klang, wie sie gesprochen und gesungen hat… Und trotzdem: *»The voice«* – das wäre Name auch für sie, gerade für sie. Nicht wegen der Melodie, sondern wegen der Worte, wegen des Herzens, das sie im Wort ausgegeben, hergegeben hat, weggegeben hat… Wegen dieses einen Wortes: *»Mir geschehe nach deinem Worte, wie du es gesagt hast… «* Und wenn ihr Sohn in sein Gebet und unser Gebet hineingesprochen hat für alle Zeiten und als Ewigkeitswort: *»Dein Wille geschehe wie im Himmel, so auf Erden«* – dann ist dies auch Nachklang des bleibenden Wortes seiner Mutter. Zum Wort des Alten Bundes kommen für Jesus das Wort und die Haltung Mariens dazu: *»Mir geschehe nach deinem Worte.«* So hat der Sohn im Geist der Mutter gesprochen: *»Ich bin nicht gekommen, meinen Willen zu tun, sondern den Willen dessen, der mich gesandt hat.«* Der war seine Speise… Wie keinem sonst hat es ihn gedürstet nach dem Wort Gottes, auch dies eine Mitgabe Mariens, ihres Geistes im Haus von Nazareth… *»Nicht wie ich will, sondern wie du willst… «* Vom innersten Wesen des Seins her spricht dies Jesus, von Gott her, er, der Sohn. Und er spricht vom Wesen seiner Mutter her, von ihrer Stimme her; von dem aus, was sie gesagt hat, getan hat, gelebt hat, einmal, stets neu; auch in ihrem persönlichen Lebensmysterium… Sie hat es ihm und uns vorgesprochen, vorgelebt – auch uns. Denn Stimme ist Maria für die Kirche, sie, das Urbild der Kirche, Mensch der Kirche… Dieses Wort und die paar anderen, die ihr die Schrift in ihr Leben gibt: Das Lobwort, Dankwort und Jubellied des Magnifikat… Das Fragewort und Dunkelwort im Tempel an den Zwölfjährigen… Das Bittwort bei der Hochzeit zu Kana. Ihre Gebete und Gedanken sind um ihren Sohn gewesen und sie haben seine eigenen Worte genährt, sie nähren auch die Stimme der Kirche… *The Voice* ist sie uns, sie ist ja unsere Mutter… Dass wir Worte sprechen können, die Worte des Lebens sind; Ja-Worte, Glaubensworte, Anbetungsworte, Bittworte, Dankworte, Worte der Treue und Liebe und der Versöhnung… Und in dunkler Zeit Worte der Hoffnung, des Zutrauens. »*The Face*« wurde ein Model genannt. Schön anzusehen ist die Dame, werbewirksam, ins Auge fiel sie, bewundert wurde sie, »angesehen« war sie…

Face, Gesicht ist Maria. Gesicht, das nicht angehimmelt wird, das nicht alle Blicke auf sich zieht… Maria ist Gesicht, das selber sieht, zuerst sieht, schaut und sucht und nachgeht. Schauen musste und konnte sie auf die Zeichen und Realitäten ihres Lebens: Aufs einfache Dasein in Nazareth, auf Elisabeth, die Hirten, Kana, auf das unverstandene Messiastun des Sohnes, auf seinen immerwährenden Abschied in den Willen des Vaters hinein; Kreuzweg, Kreuz und Tod und Grab musste sie sehen… Das leere Grab, den Auferstandenen, ihren Sohn und Messias, ihren Sohn und Gottes Sohn; sein Heil konnte sie sehen im Glauben… Und in allem Gott, seinen und ihren Vater und seinen, Gottes, Willen, sein Leben, seine Liebe… im Glauben… Die Verheißung Israels, nach ihr hat sie Ausschau gehalten ihr Lebtag lang… Und die Erfüllung ist ihr gegeben in alle Ewigkeit. Kaum einer hat das besser verstanden als Egid Quirin Asam. Und wer in Rohr ganz nah der Himmelfahrtsgestalt steht und schaut und sieht, der sieht dieses Schauen Mariens, dieses Aufgehen ihres Auges, ihres Gesichtes, ihrer Stimme, ihres Ohres für die Realität Gottes, für das auch ihr Undenkbare, Nichthoffbare – und jetzt Wirkliche, alles Ohr und Wort und Hören Erfüllende, Bezaubernde, Beglückende: Ohr und Auge und Wort Gottes… Jetzt darf es ihr Ohr und Auge und Stimme verschlagen, damit ihr alles ganz neu und vollendet geschenkt ist…

Das Schauen war ihr geschenkt auf Erden, im Glauben und Hoffen. Das ist dem Menschen notwendig: zu schauen; den vielen Leuten, auf die kein Blick fällt, die nicht auffallen, die nicht zum Bild werden. Uns allen ist das Schauen nötig und gegeben, wie Maria. Nicht das Angeschaut-werden ist das Erste… Das Auge war ihre Gnade – wie das Ohr und die Stimme. Das wirklich Menschliche ist dies: Schauen, Hören, Sprechen. Und wir rufen sie an um ihr Ohr, um ihr Schauen, um ihr Wort, ihre Bitte – wir, die Kirche, ihr unterm Kreuz gegeben: Schau auf uns, hör uns, bitt für uns…

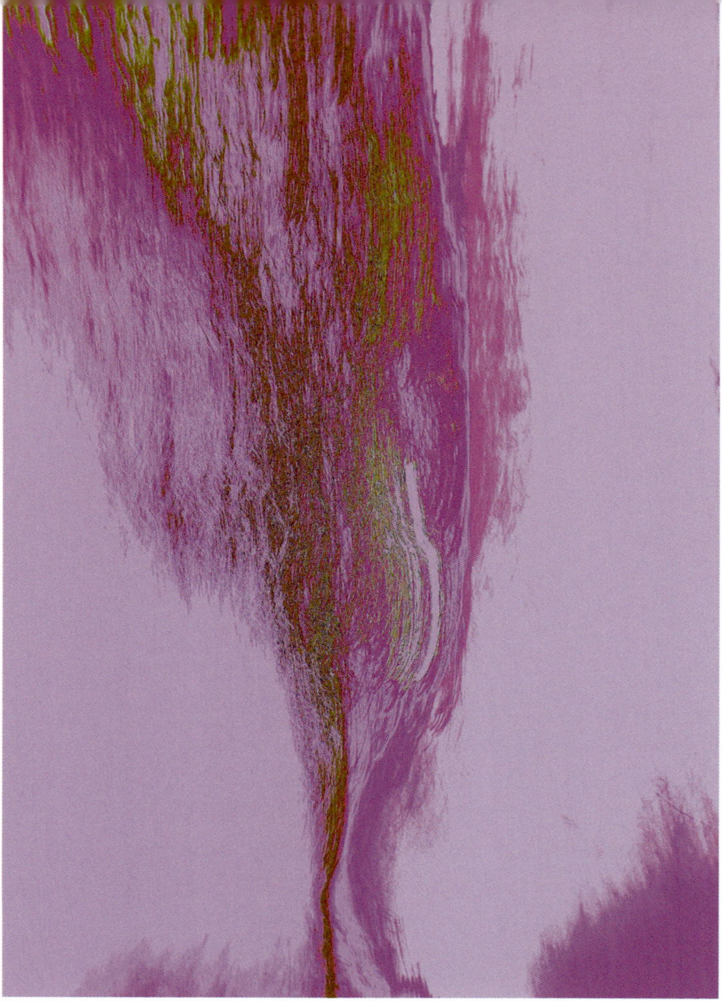

MARIENGESCHICHTE

an der kirche zu Gmünd hat
Christuspantokrator unter
der krone
seinen mund verloren

weggenagt in jahrhunderten zeit
wie damals am kreuz ausge-
schrien nach dem vater
wo bist du mein gott

mein gott, warum hast du mich
verlassen
wohin bist du gegangen am
kreuz
den mund hatte Jesus verloren
mit den menschen, mit Adam
der alle stimme in den staub
seiner hände versteckt
er hat nichts mehr zu sagen
sagt nichts mehr

Eva heult ihren schrei hält nicht
still
die frauen leiden den laut sie
müssen schreien
Eva schrei
du hast den schrei noch in allen
zeiten lässt ihn dir nicht ver-
bieten
nicht stehlen nicht zerschlagen
du machst deinen mund auf und
schreist um den garten
arme Eva

wie Maria,
deine zweite, die echte,
sie wird nie stumm, sie ist kein
fisch,
sie vergräbt nicht ihre stimme ins
gerede,
sie tut den mund auf bis in die
stille des herzens,
und in das schweigen des him-
mels, in den engelsgruß,
beim dank vor dem kind in der
höhle unter den tieren der
krippe,
und in der freude der armen, die
kamen und sahen,
und dann in kana zum geschehen
der stunde,
und in allem gebet, Gott hor-
chend,
erwartend und sorgend, glücklich
am Sohn, achtsam,
dann wimmernd beim kreuz.

Maria,
den mund machst du auf,
sehr leise weinst du unsere trä-
nen, sagst ja
du hörst halleluja und singst mit
und über alles:
Gott hört und er spricht das wort
in die welt, aus dir Maria
du hältst nicht den mund,
auch wenn du nicht plärrst und
nicht räsonierst wie der adam,
du hast dich nicht versteckt wie
eva,
du schaust und rufst Gott, der
dich will, der dich liebt und
dich nennt:
Tochter Maria.
neue Eva Maria

MARIA

Ganz bestimmt war sie kein
Genie,
sondern nur ein gewöhnliches
Mädchen.
Was hat sie gelernt? Konnte sie
lesen? Was hat sie interes-
siert?
Wie weit gingen ihr Denken, ihre
Fragen, ihr Gebete und ihre
Lieder?
Worüber hat sie geredet und
wovon im Stillen geträumt?
Was wünschte sie sich fürs
Leben?
Ganz bestimmt anderes, als das,
was dann kam.
Ein gewöhnliches Mädchen.
Sie war doch was Besonderes: Sie
selbst.
Einfach ein Mensch; sonst ganz
normal…
Was konnte sie werden?
Gegrüßt seist du, voll der Gnade.
Ja.
Und:
Sieh, Frau, deinen Sohn.
Und:
Sieh, deine Mutter.
Das Grab, und dann der Mor-
gen…

EIN MENSCH, EINE FRAU UND IHR KIND

Ein Mensch, diese Frau, ein
Mädchen fast noch, kriegt ein
Kind,
bringt ihren Buben zur Welt,
zieht ihn auf, lehrt ihn zu leben,
betet mit ihm.
Ganz normal die Geschichte von
Mutter und Kind.
Und sehr anders, uns Heutigen
fremd, das Mädchen,
die Mutter, die Frau und ihr
Kind.
Und mitten drin Gott,
seine Nähe, knisternder Hauch,
ganz normal, uns völlig fremd so
ein Leben mit Gott,
keine kühle Distanz, kein Ver-
schweigen,
nicht Spielerei, man drückt sich
nicht weg: Gott ist da, ist real.
Sie nehmen ihn wahr, die Frau
und ihr Kind:
Sie schauen sein Wort und sie
lieben:
Gott lebt.
Gott steckt im Auge, im Tag,
Maria ist über ihn froh – wie
ihr Kind.
Gott ist ihr Herz, tatsächlich Mo-
mente von Seligkeit.
Und ihr Raum, ihre Last, ihre
Qual:
Sie schreit und sie verstummt.
Wie am Kartag der Sohn.
Gott ist ihr da Mauer und Grab.
Und sehr fremd.
Und der Sohn tot.
Wie das Grab.
Wie ist es mit ihr?

Die Mutter ist alt und Pietà, ganz
gewöhnliche Frau, jetzt allein.
Sie ist Nacht. Drei Tage Nacht.
Dann der Tag. Und der Sohn. Und
sie selbst.
Und ich.
Mit dem Sohn. Ich im Sohn.
Wir voller Sohn.
Der knistert und klingt.
Er ist da:
Gott ist und ich bin.
Mensch.

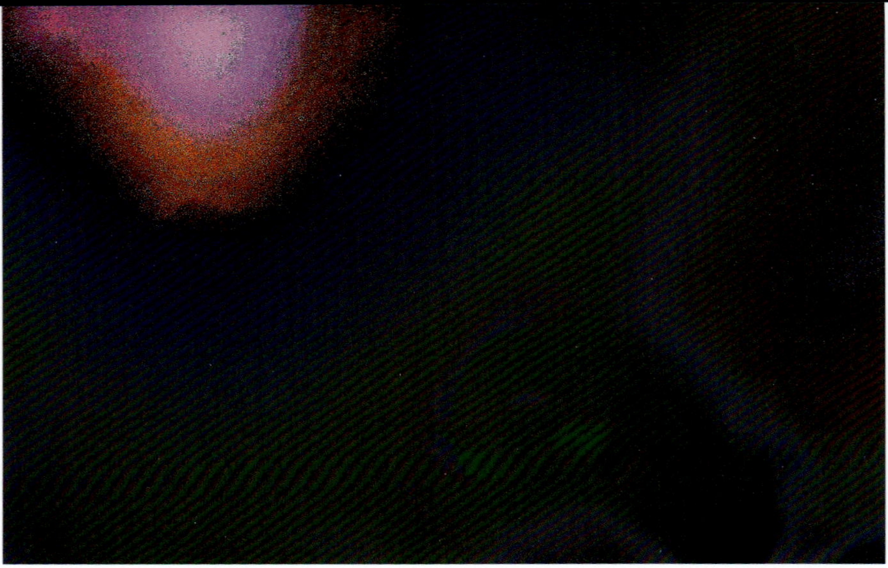

HIMMEL REDEN MARIÄ HIMMELFAHRT

Mensch, du fragst nach dem
Himmel,
ob er ist, wie er gegebenfalls sei,
konkret wäre,
wenn er tatsächlich ist oder wäre.

Vielleicht ist es so:
Es müsste doch sein, dass du
dich gern hast, dich herzlich
liebst,
dich wirklich ansiehst, und gern
mit dir lebst und
dich freust, dass du bist, dass dir
dein Wesen aufgeht,
dein Schatten, dein Kreuz,
dass du lachst und dich ver-
nimmst und staunst über
das, was in dir ist,
dass du dich magst, dass du dich
willst. So wäre Himmel.

Es müsste so sein, dass du nicht
allein bist, dass du die Ande-
ren schaust,
sie erkennst, sie liebst, sie
nimmst und dich ihnen gibst,
in sie hineingehst,
in allem versöhnt, und sie ganz
in dich lässt und sie endlich
hast,
so wie nie,
dass du sie verstehst und dich

freust, weil sie sind:
Dass du sie willst.
Es müsste sein, dass du ganz
unten bist, innen in dir,
gefallen durch jeden Rand -
bis zu dir, dorthin, wo du bist,
in den glühenden Funken
Leben vom Geist,
wo du zitterst und bebst voller
Sein und nur wartest und
sehnst
*»und die Tränen entstürzen« (sagt
Peter Handke)*
und bist, du bist, dorthin, wo
nichts spricht,
wo du schweigst und ganz
hörst,
und die Augen auf sind, ganz
im Wort und im Blick dieses
Anderen da,
der dich kennt und dich liebt, der
dich nimmt in sein Ich,
ganz hinein in sein Lächeln, in
die Wunde, in das vergosse-
ne Blut,
dir zum du, dein Bruder Mensch:
Gott, der dich wandelt in dich,
ganz zum Du und zum Ich,
der dir nachging und nachgeht,
der da ist, dich ersehnt, dich
versöhnt,
dass du ihn magst. Dass du ihn
willst:
Wie Maria im Himmel.
So muss es sein. »Baj got zu's darf
asoj sajn«, sagt Celan.

Maria: Wie war es in ihrem Leben?
Als sie glaubte in Israels Glauben,
ihn lebte?
Als sie hörte von dir? Als sie dich
fragte? Als sie gewartet hat?
Als sie gebetet hat? Aus den
Psalmen, in der Synagoge, bei
sich? In sich?
Als sie gestaunt hat, in die Tiefe
des Herzens, in sich hinein?
Über dich.
Als sie dich wünschte, vielleicht
ganz selbstverständlich?
Als sie dich ersehnte, unruhig
wurde nach dir?
Vielleicht ohne es weiter zu
merken, ganz natürlich? Bis in
ihre Träume?
Du ihr selbstverständlich? Sie echt
menschartig glaubend?
Wie eben nur sie?
Wie sie: Die Geringe, die Kleine,
die Magd des Herrn, die
Hörende?
Maria, die sieht, in dir lebendig
sieht, dich schaut?
Maria im Himmel: IN DIR: Herr-
lichkeit Himmel.

EINE, DIE LACHT

Eine, die lacht,
ganz gewiss lacht, die sich freut
und vielleicht tanzt, wie einstens
Mirjam, vor Gott,
der das Herz hoch schlägt im
Herrn, bis ins Unten ganz tief,
die ihm singt,
seinen Ton summt,
der die Ohren aufgehn und die
Augen für Gott: die ihn er-
sehnt,
die sein Wort hört, es bedenkt,
die wartet, dass sein Reich
kommt,
die weiß, dass er liebt,
die ihn liebt.
Die kleine Magd, die Arme, Ge-
ringe, die das Wasser holt,
am Mühlstein hockt und daran
schwitzt,
die bestimmt nicht viel weiß,
aber Gott liebt,
ganz normal und ganz anders:
eben sie selbst,
Gott in den Fingern, im Geist.

So ein Mensch…

ENGEL LACHT

Ein Engel hat Flügel,
hat Wort, hat eine Botschaft, trägt
Stab,
er ist in Gott und geschwind,
außer des Alters und natürlich
bildschön,
er kommt zu den Menschen,
fliegenden Schrittes ist er schon
durch die Tür,
er weiß, was er bringt, zum Beispiel
den englischen Gruß,
in erhabener Geste mit feinem
Latein.
Ave sagt er
jahrhundertelang schon im Dom.
Er lächelt.
Der Engel hier lacht.
Er ist Stein, dieser Gruß, verwandel-
ter Stein, denn er strahlt.
Er lächelt den Stein voller Botschaft
aus Gott,
er lächelt das Leben uns her, er ist
unbandig froh,
er kann sich nicht halten, er ist
voller Glück, fast ein Mensch,
er, der Köstlichstes sagt, mehr Freu-
de, als er versteht,
er kann gar nicht anders, er ist
frohes Gesicht.
Er schaut und er grüßt.
Er kennt gegenüber die Frau.

Er nennt sie beim Namen: *Maria*.

Gott gibt.
Er gibt sich.
Alles.
Und Gabriel lächelt. Er lacht jede
Farbe.
Er ist da.
Englischer Gruß.

JESUS

Aus der Verheißung und aus der
Sehnsucht geboren,
aus dem Volk,
dem keine Bleibe im Jetzt blieb,
das sich ins Land der Verheißung
einsehnte
und keine Ruhe dort fand,
das sich ins Kommen ausstreckte
und lernte zu beten,
auf dass dieses Kommende
kommt.
Immer neu hebt es dahin seine
Augen,
in der Klage, im Elend,
im Jubel –
zu dir erhebe ich meine Stimme,
mein Herz.
Zu dir, Gott.

Aus der Verheißung und aus der
Sehnsucht geboren,
aus dem Volk,
aus dem Mädchen, der Jungfrau
Maria,
aus der Verheißung, die Gott
gab, der die Sehnsucht er-
weckte,
der sich sehnte nach seinem
Volk,
der die Verheißung erfüllte.
Er kam und ist da.
Und er kommt.

ERFÜLLUNG

Betlehemstaub,
Viehdunst, kein Platz im Gepferch,
die Tränen der Mutter auf den Steintrog: das Glück, ihr Bub,
da ist ihr Bub,
sie denkt nicht weiter ins morgen, nichts Großes,
keine Verheißung,
nur Kind ist,
ihr du,
sie sieht das Wimmern,
ein paar Handvoll Mensch an ihrem Leib,
herznah in den Armen, und geliebt,
und wie sich das Gesicht verzieht, sich verhutzelt,
und der Kleine zum erstenmal schläft,
müde vom Lebenbeginn,
wie die Mutter.
Die Tiere gaffen.

Ein Wunder geschieht, wie neben der Welt,
es geschah schon:
Gottesgeburt.

Nehmt euch die dunklen Lieder, die schauen und fragen,
spielt sie hinein in das Kind und in die Propheten,
deren Worte sind nun konkret.
Zeit ist zum Singen,
zum Schauen.
Wundert euch, Leute.
Wie Maria.
Fast so.
Denn:
»Das Wort ist Fleisch geworden
und wir haben seine Herrlichkeit gesehen… «

Mensch, Maria…

»ICH STEHE VOR DER TÜR UND KLOPFE AN… «
(Offb 3, 20a)

»Schlaft nicht, schlaft nicht«
sagte Teresa.

Es heißt, dass er kommt.
Wer sollte denn kommen? In die Welt bis zu mir?
Zu mir herein durch die gesicherte Tür,
durch Fenster mit dichten Laden
durch gemauerte Wände,
mir ins Haus,
in mich?

Komm, unser Herr… Wie in Maria.

Was weiß ich vom Kommen, von deinem Kommen,
wer du bist, von dem es heißt, dass er kommt,
der schon sagt, dass er kommt,
und dass ich aufwachen soll und aufsperren soll,
weil er kommt und Türen und Läden und Mauern durchgeht
in die Welt, bis in mich ganz hinein,
tiefer als ich, denn die Zeit ist erfüllt? … Wie in Maria?

»Die Stunde ist gekommen, aufzustehen vom Schlaf. Denn jetzt ist das Heil uns näher als zu der Zeit, da wir gläubig wurden… «

Also bist du unterwegs, herwärts? Uns verheißen?
Wie nah? Hör ich schon deinen Tritt? Schon ein Beben? Den Wind?
Den Geist? In Worten, die sich erfüllen?
Den Ton atemlos? Und die wartende Stunde? Gehaltene Zeit?
Und jetzt den Schlag an die Tür… ?
Mensch, höre…
Wie damals Maria:
»Mir geschehe, wie du es gesagt hast… «
Komm. Unser Herr…
Wie in Maria.

(Zu Lk 1, 31: »Seht, die Jungfrau wird ein Kind empfangen, einen Sohn wird sie gebären und man wird ihm den Namen Immanuel geben, das heißt übersetzt: Gott ist mit uns«).

GANZ GEWISS WAHR

Amen,
sagt Jesus,
er sagt es zweimal, *Amen. Amen.*
Es ist gewiss,
so sagt Jesus, ganz gewiss ist
es so,
es ist die Wahrheit, es ist wirklich,
er steht dafür, sagt uns Jesus:
Amen, Amen, gewiss ist es wahr.
Es ist wirklich, es ist Gott, der ist
Vater, ist Himmel.
Gott ist Amen und Ja,
der Mensch steht im Amen,
Gott sagt Ja, sagt zu uns Ja. Dafür
sagt uns Jesus sein Amen
und Ja.

Nicht, dass kein Sturm wäre, kein
Meer, kein wirbelndes Loch,
keine Nacht, kein Entsetzen, kein
Schreien,
kein Zucken, kein Leid, kein Ver-
sinken im Leben,
kein rasender Schmerz, keine
Angst vorm Vergehen,
kein Sterben, kein Absturz im
Tod:
Ich werde verschlungen.
Das ist gewiss, das ist Amen. Ach
du, mein Amen, du Ja.

Er wurde verschlungen, er lebte
die Angst, er trug, er stöhnte
und schrie,
er verlor Blut, es war schrecklich,
er wurde Nacht,
er fiel in den Tod. Das ist wahr.
Es war so.
Er war in allem der Mensch.
Er ist Mensch.
Er sprach Amen.
Und Vater. Und Mutter, Freund.
Und hauchte aus.

Es ist Grableere.
Er ist Amen und Da. Amen, ganz
Amen ist er,
Leben, das Ja. Er lebt, er lebt uns.
Er sagt Ja. Zu uns sagt er Ja, sagt
es zweimal und immer,
Er sagt es mir. Mein Amen ist er,
mein Ja.
Wie das Amen für die Mutter
Maria.
Grableere der Mutter Maria.
In sich ruft er die Mutter.
Gewiss ist es wahr.
Er ist wahr.
Amen.

DAS WORT WURDE FLEISCH

steht in der Bibel, bei Johannes
am Anfang, Vers vierzehn,
Kapitel eins.
*UND ES HAT UNTER UNS GE-
WOHNT,*
heißt es weiter, im nämlichen
Satz,
*UND WIR HABEN GESEHEN, SEINE
HERRLICHKEIT GESEHEN.*
Eine Herrlichkeit; die einzige
eigentlich, die bleibt,
die nicht ausgeht, nicht ver-
rutscht, die nicht versinkt, die
nicht platzt.
Denn sie ist gering, sie trägt
nicht schwer an sich selber,
sie ist nicht alt oder jung, oder
eben da, sie ist nicht jeder-
manns Lust,
sie ist Last, hat kein Geld, sie fällt
nicht auf, sie kostet nichts,
fast nichts, nicht viel: Nur mich,
mich selbst und natürlich ihn,
der sie trägt, der sie will, der
sie nimmt,
der sie liebt, an dem sie so was
wie strahlt,
so was wie sichtbar wird,
so was wie lebendig,
auf jeden Fall wahr, wirklich, be-
rührbar,
aber unerkannt, zumeist noch
unerkannt.
Wer wird sie sehen? Werde ich
sehen, sie sehen?
Diese Herrlichkeit des Eingebore-

nen vom Vater voll Gnade und
Wahrheit,
also voll Gabe, aus Gabe, nur
Gabe wie bei dem Mädchen,
bei dieser jungen Frau, bei dieser
Unbekannten und Kleinen
aus Nazareth,
bei der, die Maria hieß, heißt,
heißen wird,
die genannt wird *Voll-der-Gnade*,
Maria, voll der Gnade,
die gegrüßt wird, die gedacht
wird, gemalt wird, geliebt
wird,
von der dies alles gelten soll, von
der es gilt,
dieses alles Genannte,
Maria,
die so war, so ist, die klein
war, unscheinbar, sonst nicht
weiter bekannt,
die arm war, die zum Brunnen
ging, die an der Mühle
schwitzte,
die nichts Besonderes war, nicht
groß von sich dachte,
die gelobt wird und selig ge-
priesen,
von der Großes gesagt wird, wie
von keiner sonst, ausgerech-
net von der,
von dieser Kleinen, fast Namen-
losen, Gesichtslosen,
Bildlosen, die man so oft gemalt
hat, geschnitzt hat, bedichtet
hat,
von dieser Geliebten: »*Maria,*
dich lieben« heißt es von ihr,
von dieser Gerufenen, Vertrau-
ten, Unvertrauten,
von Maria, Mirjam,
oder wie man sie genannt haben
mag… Die seine Mutter war.
Sie, die Gott mit Namen nannte,
die Gott sah,
die Gott nennt. Die er sieht:
Durchunddurch.
Die sah seine Herrlichkeit, seine
Kreuzheit, die Schmerzheit,
den Tod.
Das fuhr ihr ins Herz, durchund-
durch fuhr ihr das:
Die Herrlichkeit des Sohnes.
Das Schwert.
Der Schrei.
Die Not.
Tot.

Ach, Herrlichkeit, fleischgewor-
den, gemenscht,
ein Kleiner Er. Herrlich.
DAS WORT, LOGOS, der SOHN.
DER,
ER.
Ihr Kind.

FREU DICH, DU HIMMELSKÖNIGIN

Maria, lachst du?
Hast du gelacht, als du ein Kind
warst, ein Mädchen, junge
Frau,
du Mutter mit deinem Buben, am
Brunnen, beim Kneten des
Brotteigs,
beim Essen daheim, auf der
Hochzeit zu Kana?
Und an Ostern? Unter den Jüngern? Im Pfingstfeuersturm?
*HAST DU GELACHT VOLLER
FREUDE?*
Maria? Voll der Gnade, Mensch du,

Schmerzensmutter, VOLL DER FREUDE?

Hast du gelächelt? Lächelnd in die Felder geschaut?
Deine Augen voll Lächeln?
Versonnen, dein Geheimnis, dein innerstes Eigen?
Deine Hände am Leib? Voller Gedanken?
Getröstet? Erregt? Gespannt? Unruhig? Ratlos? In der Gottnähe?
Ganz am Namen? Am Gottrand? Augen-zu?
Im Nachrauschen des Wortes? Immer noch Gegenwart?
Immer noch Stille? »Immer noch Sturm«? (Peter Handke).
Im Lächeln, in der Freude, im Staunen, in der unfassbaren Frage?
Den Augenblick jetzt nur noch Gebet?

Und wieder der Tag der Geringen? Der Kleinen?
Der Nicht-Schauenden-Sehenden? Noch immer im JA.
Freu dich, du. Tanz ganz für dich, summe, sing, schweige, staune…

HAST DU GELACHT UND GELÄCHELT? TIEFGLÜCKLICH GEATMET?
Maria… Richtig gelacht?
Hell heraus, in die Stube hinein? Auf den Dorfplatz hinaus?
Dem Josef ans Ohr? Vor den Leuten? Und im Traum? Und unterwegs?
Durch die Jahre des Sohnes, im Glück, im Verwundern, im Sehen?
Wenn er was erzählte? Wenn er dich anblickte? Anlachte?
Wenn das Leben so schön war?
Du glückliche Frau?

Trauernde du. Tränen überm Gesicht. Schrei. Gewimmer. Herzstoßen. Gebrochen.

UND OSTERN. DANN OSTERN. DANN ER. DANN AUFERSTEHEN AUS TOTEN:
DANN DIE STIMME VERSCHLAGEN. DER LEBENAUFRISS. EIN PLATZEN.
WORTSTARRE. DER BESTÄNDIGE MORGEN. OSTERGELÄCHTER?
Und freu dich. Juchze. Lach, Kleine, Arme. Hast Grund dazu.
Und sage Ewigkeits-JA.

MÄDCHEN, JUNGE FRAU

Irgendwann sah ich im TV im
Film ein Mädchen, junge
Frau,
da sitzend unterm Baum.
Sie schaute,
sie sah hinaus, weit. Sah sie in
sich?
Maria war gemeint in dem Mäd-
chen: Mädchen aus Nazareth,
Israels Tochter, erwartend,
wie horchend, da,
hörend ins Wort, in die Verhei-
ßung, ins Ferne, in die Zeit,
ins Kommen,
ruhend,
tief.
Ganz selbstverständlich der
Moment, ihr Augenblick,
das Herz, das Leben, dort und
ganz nah,
in das Offen eingesunken,
atemvoll still,
am Rand einer Zeit, die nun er-
scheint,
die aufgeht, anweht, herge-
schieht,
die voll Gott hängt, voller Ja,
die sich rührt,
gewiss.
Die junge Frau, dieses Mädchen,
sie denkt nach. Ihr Blick ist
Gebet.
Sie sitzt darin, ruht, sie überlegt,
sie wünscht, sie ersehnt:
Sie möchte sehen: Jene Zeit: Ihn,
den sie bringt,
den Prophetangesagten, den
Gehofften,
den Gottvollen, den Gottnahen,
der kommt, der erfüllt.
Ganz gewiss.
Sie schaut und hat keine Ahnung
wie sehr und wie weit und
wie tief:
Bis in sich, in ihr Ersehnen, in ihr
Gebet, in den Advent:
Bis in Gott, an seine liebende
Wand.
Bis ins Heute und Morgen.
Bis in alle Realität.
Bis in sein JA.
In Gott-Da.
Sie hat keine Ahnung, wie nah
und wie ihr unmittelbar.
Es passiert. Ihr. Und der Zeit,
Vielleicht JETZT.
GOTTES REICH. ER...
Hier geschieht Mensch. Jetzt,
unterm Baum, wartend,
augenvoll, da:

Mensch, jetzt im Glück. Voller
Wunsch.
Völlig Wunsch und Gebet:
Vielleicht wird gleich der Schrei:
Komm!
Immanuel, komm!
Und sie ist da in der Zeit des Gesalbten Jahwes…
Und Mensch: Schau! Bis in Dich. Und durch deine Tiefe hinaus.
In deinen Wunsch, in das WORT, in die Verheißung:
In Gottes JA. An seinen Rand. In sein Herz.
In Dunkel aus Licht.
In Kreuz und Tod.
Ins Auferstehn.

Mensch, also, schau! Probier's!
Mensch, ruf es als Wunsch, bitte darum: *Immanuel, komm!*
Mensch, horch! Spanne dich aus, ER ist vor der Tür, ER klopft an.
Mensch, tu dich auf. ER will in Dich, feiert das Mahl.
Mensch, Maria. Und ich.

REDEN – HÖREN – SEHNEN – HOFFEN – HIMMEL…

Folgendes hatte ich anno 1996 gelesen: *»Kurz vor dem Ende seiner Amtszeit als Präsident Frankreichs, schon vom Krebs gezeichnet, wollte François Mitterrand etwas über den Tod wissen. Also ging er in Paris in die Rue de Fleurus zum sehr betagten Freund Jean Guitton. Dieser uralte Philosoph beschäftigte sich als gläubiger Katholik seit vielen Jahren mit dem »Mysterium des Todes«…* Ein Gespräch über den Tod. Nicht über den fernen, den irgendwann fälligen. Nein, Mitterand hatte gewusst, wie nah das Sterben seinem Leben stand. Was mag im Zimmer gewesen sein: Fragen und Bedenken und Reden und Hören und Ringen und Schweigen über das, was keinem der beiden vom Innen her bekannt war und ihnen doch so nah auf den Leib gerückt war… Mitterrand hatte ein kirchliches Begräbnis gewünscht – zur Überraschung vieler. Die Bilder sind mir noch bewusst: Der Weg durch die Straßen seiner Heimatstadt, die trauernden Menschen, die Feier der Messe. Die Feier des Todes – und des Lebens. Die Wirklichkeit des Sterbens – und die Verkündigung des Himmels. Wenn Christen nach dem Tod fragen, dann tritt das ewige Leben aus der Theorie in die gegenwärtige Stunde. Der Himmel ist Ziel unseres Glaubens.

Dabei weiß ich: Ich kenne ihn nicht. Noch weniger als den Tod. Der Himmel steht wie im Nebel. Ein Land, in dem ich nicht war. Ein Land ohne Ort. Wer weiß seine Farben, seine Töne und Klänge, seine Musik…? Ich rede vom Geheimnis, vom Verborgenen, vom Kommenden… Kein Sprung steigt so hoch, kein Schritt greift so aus, kein Arm reicht so weit, kein Gedanke ruft hin…

Ich rede nicht nur. Ich feiere den Himmel. Ich tu das, weil ich an den Himmel glaube. Weil ich von ihm höre, weil ich auf ihn hoffe, weil ich zu ihm will. Den Himmel: Mein Herz will ihn haben. Und das

bricht durch die Erde, es sehnt sich zum Licht, es fliegt über Wolken, es hat hier keine Ruh...

Den Himmel will ich... Ein Wort ist das durch alle Eintrübungen, durch jede Einschwärzung meiner Tage, durch meine Erdenbindung und mein Erdenglück. Ein Wort aus großem Dunkel – ein Wort voller Licht. Ich kann »Himmel« nicht malen, nicht schildern, nicht ausdenken – aber mein Herz nennt ihn doch beim Namen. Es nennt ihn mit vielen Namen. Mit den besten Namen. Mit den tiefsten Erfahrungen: Leben, ganz leben... hören und ganz gehört werden... sehen und ganz gesehen werden... erkennen und ganz erkannt werden... leer sein und ganz gefüllt... versöhnen und ganz versöhnt... arm sein und ganz vollendet... lieben und geliebt... Mensch sein... ganz... So solle es sein, so sollte ich sein... *So existierte Maria.*

Ich weiß auch: Menschen suchen immer dieses Land äußersten Lebens. Hier schon auf Erden. Den Himmel auf Erden: bei Menschen, durch Menschen, in Schönheit und Freude, im Glück der Welt, im Erfolg, im Rausch, in der Lust. Da, hier, jetzt, morgen, irgendwann... Und als »Recht«?

Doch wo bleibt er, wo ist er, wo haben wir ihn – den Himmel hier, heute, morgen, auf Erden? So viel steht dagegen an Erfahrungen, an schlimmen Erfahrungen: Menschen, Einsamkeit, Krankheit, Schuld, der Tod... Jetzt wieder die Sorgen, die Ängste, der Krieg. Solcher Erden-Himmel ist voller Nacht und Tränen... Voller Enttäuschung und Elend. Von der Skepsis verhangen.

Dennoch suchen wir den Himmel. Wir ahnen ihn. Wir geben ihn nicht auf. *Er lockt in uns. Noch?* Er drängt uns. Er lässt uns nicht los. Und wir haben Kunde erhalten vom Himmel: Der Himmel ist Gott. Gott ist der Himmel. Und der spricht zu uns. Der ruft nach uns. Der liebt uns. Der kommt zu uns. Er hat sie uns eingelegt, diese Sehnsucht des Herzens, dieses Wollen des Glücks, dieses Fragen nach dem Tod und nach dem Himmel. Und in Jesus ist er uns Zeuge geworden. Zeuge des Himmels, schon weil er uns Zeuge des echten Menschseins ist. Zeuge des Himmels vor allem, weil er aus dem Innen Gottes kommt: »*Niemand hat Gott je geschaut; der Eingeborene, der Gott ist und im Schoß des Vaters ist, der hat ihn uns verkündigt.*« Er will, dass wir ihn feiern, den Himmel – mit der unabsehbaren Schar der Vollendeten – *mit Maria, die er hineingerissen hat in die Fülle, in den Himmel, in das äußerste Leben, in das Haben, Hören, Sehen, Wissen, Lieben, ganz sein, Mensch.*

Wir können uns den Himmel nicht bauen – wir brauchen es nicht. Wir dürfen den Himmel feiern und lieben. So haben wir den Tag Mariä Himmelfahrt genannt. Ein Tag der Schönheit, der Verheißung, der Aussicht, des Anschauens... Ein Tag, an dem so vieles uns zum Zeichen werden will: die Blumen, die Kräuter, das Heilen, der Gesang, die Welt, wir Menschen darinnen. Alles, was wir sehen und nehmen dürfen, was uns ins Auge fällt und das Herz froh macht, was uns tröstet und die Seele bewegt, was zu unserem Leid tritt und Stille der Teilnahme wird, was uns bei der Hand nimmt und mitgeht... Wir dürfen die Zeichen des Himmels erkennen und nehmen. Wir dürfen den Zeugen des Himmels hören und loben und empfangen: Jesus. Wir dürfen für die Schwester und Mutter im Himmel danken: für Maria. Wir dürfen das Himmelsbrot essen und die Worte des Lebens hören. Wir dürfen das Ostern der Menschen begehen, unser Ostern...

OSTERN MARIENS

Dann hat sie es gehört,
keine Ahnung von wem und woher, vielleicht von Magdalena,
die nochmal rief: »*Ich habe den Herrn gesehen.*«
Kam zu ihr Johannes? Kam Petrus?
Kamen die Frauen vom Grab?
Zu ihr, zu Maria, und sagten und heulten vor Freude:
Er lebt. Wir haben die Botschaft erlebt.
Es ist wirklich. Es ist verrückt. Aber es IST.
Sie hat es gehört.

Es stürzte in sie, es geschah.
Sie glaubte.
Sie glaubte ja Gott.
Sie nahm seine Botschaft aufs Neue.
Denn Leben ist Er und die Gabe.
Selbst diese verstörende Gabe. Und der Tod ist Ihm unmöglich.
Und auch sie betet im sechzehnten Psalm wie noch heute die Kirche:
»*Darum freut sich mein Herz und frohlockt meine Seele,*
auch mein Leib wird in Sicherheit wohnen.
Denn du gibst mich nicht der Unterwelt preis,
du lässt deinen Frommen das Grab nicht schauen… «
Es ist ihr geschehen. ER LEBT.
Maria: Glaubende sie.
Und sie sieht.
Sieht sie?
Trat Er in ihr Innerstes hin?
War sie jählings getroffen vom Leben, von Ihm? Von seinem DA?
Vom Geiststurm der Botschaft: *Er lebt*?
Von seinem anderen Ruf: »Maria«?
Hörte sie so?
Und erkannte: »*Rabbuni*«, mein Sohn. DU?
War sie völlig im WORT?
Sie glaubte. Maria, Glaubende sie.
ER LEBT
Mein Jesus, DU LEBST.
»*Man sieht nur mit dem Herzen gut.*«

Maria schaut »Alles und Immer.«

»O HAUPT VOLL BLUT UND WUNDEN«

Schau nicht hin. Der Anblick ist
entsetzlich, hatte die Ärztin
damals gewarnt

als die zwei Toten da lagen, auf
der Straße bei Elfing,

mit ihrem Motorrad, mit dem,
was davon blieb.
Direkt in den Laster sind sie gerast, in den schweren Motor.
In ihr entstelltes Totengesicht.
Zwei junge Menschen.
Schauen Sie nicht hin, sagte die Ärztin zu mir.
Ich schaute, ich sah Tod, den Tod,
etwas vom Tod.
Ich sah nicht sehr viel.
Man schaut sowas nicht gern.

Maria sah. Sie schaute hin.
Sie sah ihren Sohn. Sie sah in den Schrecken,
sie sah das Entsetzen, das entsetzliche Sterben, den undenkbaren Tod,
seine Qual, den Luftschnapper, das Zucken, Bäumen der Glieder,
den rasenden Schmerz, sie sah in den Schrei,
sie musste hinschauen, sie stand daneben, sie sah,
es blieb ihr nichts übrig, da hing er, da starb er, sie schaute sein Keuchen.
Er hat sie gesucht, er blickte sie an, er lallte noch Worte, er nannte sie »*Frau*«.
Er gab sie dem Jünger, und den ihr zum Sohn: »*Siehe, dein Sohn.*«
Sie kam dem Sehen nicht aus.
Sie musste es tun. Sie sah. Sie konnte nicht anders: ER starb.
Er schnitt ihr ins Leben. Er starb ihr ins Herz.
Maria sah.
Sie schaute auf ihn:
In seine Schmerzen, in sein Geröchel, in seine Frage nach Gott.
In sein Gebet, in seine Versuche zu beten, zu bitten, zu geben, zu lassen.
In sein Da, in seine grauende Anwesenheit. In seine Augen.
In seinen Weg. Sagen wir's so: In sein Gehen. In sein Gesicht. In seinen Tod.
In ihr Kind. Sie sah ihren Sohn.
Es blieb ihr nichts Anderes: Sie sah. Ach, Maria, wie tief und wohin?
Er stürzte ihr ins Gesicht. Mitten ins Herz. Der Anblick ist Schwert.
Sie sah ihn sterben…
WAS FÜR EIN GEBET… Und nicht? Was war?
UND GOTT DA? VATER… ?
AMEN, JA?

DAS EREIGNIS LEERE

Aus der Höhle kam er, aus dem
Loch,
wie am Anfang, als das Wort ist
erschienen,
als Maria gebar in der Hausung
der Tiere und Armen,
unter die Armen ist er gekom-
men,
den Armen.
Licht für die Welt.

Aus der Höhle kommt er jetzt
wieder
uns Armen,
vom Grab eines Andern, von
Toten,
vom Tod.
Licht in die Welt.

Er kommt, und da geschieht
wirklichstes Wahres,

der Wahrhaftige kommt, der
Reale:
der Türspalt zum Wahren,
eine Tür und der Weg gegen den
Tod,
Licht den Toten.

II

Kein Gebein, kein Schädel im
Grab,
keine Spur Mensch,
kein Toter.
Nur die Flecken im Tuch – Nach-
bild vom Freitag im Grab,
sonst nichts.
Die Leere.
Kein Staub seines Lebens,
nichts zum Bewahren und Haben
und Weinen,
nichts zum Berühren, kein Leib
zum Liebkosen und für das
Salben.
Nur das Loch.
Und abseits der Stein.

Die Salben tragen sie heim.
Der-nicht-hier-ist salbt sie mit
Heiligem Geist.

III

In den Morgen stellt sich der
Schrecken ans Grab
und er hängt sich über den Tag:
Der Schrecken Leben.
Denn der Tod ist nicht wahr, Tod
ist nicht mehr,
der schrecklich Vertraute ist
nicht.
Welch fremdes Entsetzen. Was
für eine Leere. Was für ein
Loch.
Der Tod-ist-nicht-mehr, ist ge-
schehen.
Ich weiß, wen ihr sucht!
Er ist nicht hier,
seht seinen Platz,
seht nichts.
Ihr seht ihn nicht.
Seht. Seht ihn.
Und sagt, was ihr saht, was ihr
seht, und was nicht.
Sagt die Leere – sagt IHN.
Der Tod ist uns Schrecken. Aber
wenn er nicht ist? Was dann?
Es ist uns lebendigstes Leben.
Die Frauen sehen, sie laufen, sie
fliehen.
Wer sagt es der Mutter Maria?

EIN DURCHEINANDER ?

Drunter und Drüber im
Meinen, im Schauen, im
Urteil, Vorurteil.
Und heftige Schläge dazu.
Nichts Schönes zur Kirche.
Keine Schönheit an ihr.
Nur Trümmer im Raum, Brü-
che, Blutflecken,
giftiges Gelb.
Schuld.
Und »*schämt euch*«,
Und kuscht, und »*haltet den
Mund*.«
Nichts los ist bei euch, und ihr
seid nichts wert.
Und tief ist dein Sturz,
Kirche.
Nichts ist mit »Heilig«, mit
»Braut«,
mit ankünftiger Herrlichkeit,
direkt vom Himmel… die
Neue Stadt.
Nein, nichts Gutes bei euch.
Ihr seid gemein.
So schimpft man, so höhnt
man, so bespuckt man
dich, Kirche.
Und ich schäme mich auch.
Ich trag an der Last.
Wir sind zerrupft.
Wir geben ein hässliches Bild.
Man schmiert uns Böses
übers Gesicht.

Aber Maria? Auch sie?
Sie ist unser Bild doch noch
immer. Sie gehört weiter
zu uns.
Sie ist eine von uns. Sie ist
unsere Mutter,
uns vom Kreuz her gegeben.
Und wir sind ihr Töchter und
Söhne, auch ich.
Und die Vielen, die Sünder, oft
schreckliche Typen.
Und Schandfleck für Gott.
Wir sind ihr die Kinder. Immer
noch. Das will nicht leicht
ins Gehör.
Aber Maria geht nicht
vorbei, sie lässt uns nicht
stehen.
Sie schaut her und sie hört.
Immer noch.
Wie ihr Sohn, der hat uns ihr
gegeben: Uns, die Last
Mensch.
Und Er hat selber den Schand-
tod erlitten.
Ihn hat man aus dem Reden,
aus dem Namen,
aus dem Gedenken verräumt.

Er hatte ja alle Wut auf sich gezogen.
Er, den man nicht wollte.
Ärgernis war Er. (Und ist es noch Vielen).
Doch Er ist aus dem Tode erstanden. Da ist Er und sieht…
Vielleicht müsste Er sich über uns schämen.
Aber Er LIEBT UNS.
Wie er seine Mutter Maria ja liebt.
Er, der zu ihr sagte, todnah, auskeuchend: »*Frau, siehe dein Sohn*.«
Der die Mutter zur neuen Stadt will, der sie anschaut. Und in ihr die Kirche.
Der sie uns zur Mutter gab, und immer noch gibt. Der uns will:
Uns mit der Mutter zum mystischen Leib.
Der die Kirche auch jetzt noch *heilig* nennt, der ihr Heiligkeit gibt.
Der sie wandelt und umkehrt, der sie erlöst.
Der zu ihr steht. Immer noch, ja.
Der in ihr lebt.
Der mit uns feiert und isst. Der uns erwartet, und noch auf uns hofft.

In dieser Welt sind wir für Gott wirklich kein Ruhm.
Und nicht für die Mutter Maria.
Aber wir sind die Kirche.
Und es ist Gott, der die sieht. Der die Namen ihr gibt. Der keinen austilgt.
Der uns erlaubt, sie zu hören, zu glauben, zu lieben: Solche Namen:
»Heilige Kirche… Gottes Volk… Leib Christi… Und Braut… «
Und die Kirche muss es tun: Das Gottleben geben.
Die Erlösung bezeugen, das Pascha feiern.
Die Auferstehung glaubend begehen.
Die Hoffnung in dieser Zeit wahren.
Die Ewigkeit im Heute erwarten.
Die Versöhnung spenden.
Gottes Reich wünschen.
Zum Ärger von vielen.

Da ist GOTT, der dies will. Und es schafft.
GOTT, der es mit Namen und Menschen wagt. Grad extra.
Der sie nimmt: Menschen, wie mich.
Und diese Namen.
Die Realität.

Mit Maria.
Die ist auch jetzt unser Bild.
Egal, ob ihr es glaubt oder nicht:
In Gnade geschieht es. In einer gnadleeren Welt: Kirche glaub es,
Kirche, nimm es, Kirche, tu's wie Maria:
Nimm die Namen, nimm dich: »Du bist voller Gnade, der Herr ist mit dir.«
Trotz allem. »Kirche, wie bist du schön?« – Gott darf es sagen.

MARIA GEGENWÄRTIG

Maria ist lange schon tot, bald
zweitausend Jahre, eine Ge-
stalt des Erinnerns,
aus dem Gewesenen formt sich
ihr Bild und ihr Jetzt:
Die Mutter, ihr Sohn Jesus, sie
Israels Tochter, ihr Wesen, ihr
Name,
all ihre Namen, das Gesicht, ihre
Bedeutung fürs Heute?
Sie hat Zukunft, ist memoria ins
Morgen, das Gedächtnis gilt
jetzt:
Sie ist gegenwärtig, sie wirkt und
ist apokalyptische Frau:
Ereignis unseres Dann.
Sie ist da und geht auf, sie tritt in
die Welt, ins Heute.
Sie ist Ereignis, Gemälde, Gedicht
eines Kommens, Lied der
Hoffnung,
des Künftig-Geschehens, der Ver-
heißung, der Erfüllung, des
wirklichen DA.
Wie Film meines Werdens, der
Mensch-Wahrheit ist sie, die
Echte,
Poesie unserer Chance, aller
Möglichkeit Christ:
Sie ist wie Entdeckung des völli-
gen Lebens:
So könnte es sein, ewigkeitwirk-
lich.
Sie ist jenes Bild, das Gott sich
erdachte im Menschen.
Maria ist Ankunft des Menschen
in Gott.
Mensch, was wird mit uns sein…

JA, JA…

War es der eine Moment? Ein Juchzer,
ein Schrei, das Nicken des Kopfes?
Die Antwort des ganzen Körpers? In
flüsternder Stimme?
Stockend, stolpernd? Wortlos? Schlu-
ckend? In Gott?
Ein Schauen voll Ja ins Nichtverständ-
nis?
Erschütterte Hände vor den Augen?
Tränenvoll staunend? Was, ich?
Kopfschütteln vor Ja?
Einfach die Stille? Verstummen, ver-
schlossene Augen, die Wirrnis?
Nichts zu Verstehen? Was soll das?
Der Einschlag, wie Blitz? Gottes WORT?
Eine Frage?
Die Botschaft?
Der Anfang? Das Ereignis? Es ist
schon?
Der Mensch Maria ist Ja. Sie ist klar. Und
ganz durcheinander.
Ins eigene Tiefste gestürzt, ins Ich-In-
nen.
Mitten im Dunkel, im helllichten
Licht.
Sie kann nicht verstehen. Wie auch?
Doch das Wort ist von Gott.
Der redet ist Gott. Er ist auf einmal, ist
jetzt, diese Frage.
Fragt Er? Fragt Gott? Fragt Er sie, *fragt
er also mich, Maria*?
Die Kleine, die Magd?
Ist eine Frage? Ist Gott Frage?
ER, GOTT?
Mensch, und da ist der Mensch, die
Gottgefragte, sie.
Jetzt ist sie ich: Gottes Du: Mensch.
*Und sie sagt Ja. Sie ist Mensch. Jäh ist
sie Gottes Mensch.*
Auf einmal.
Und sie hat keine Ahnung davon.
Sie ist nur Ja.
Auf Gott zu das Ja.
Der Mensch ist Gottes Ja.
Mensch: JA für Gott…
Sie wagt Ja. Und ahnt nicht die Konse-
quenz.
Aber sie wagt es, sie sagt es, sie tut es:
JA. Sie ist es geworden. Sie glaubt.
Ist im Augenblick JA. *JA wie Gott selbst:
GOTT, der JA IST: AMEN und JA:*
*ER, das WORT JA. Ja zu der Welt. Ja zu
dieser Kleinen, Geringen:*
*Zum Mädchen Maria. Zu ihr da. Zu
ihrem Leben und Leib. Zur Frau.*
*Zur Mutter, zu dem, was sie gibt, geben
kann, was sie liebt.*
*Was sie IHM schenkt. Was der Mensch
Gott schenkt. Was sie ist.*
*Was sie sagt, was sie schweigend Gott
tut, was sie erregt,
was sie nimmt.*